GUIDE DU VOYAGEUR

A LA

GROTTE DE LA BALME

L'UNE DES SEPT

MERVEILLES DU DAUPHINÉ (ISÈRE)

par **M. BOURRIT** aîné

Ancien Président du Consistoire à Lyon, Chevalier
de la Légion-d'Honneur.

TROISIÈME ÉDITION.

LYON

LIBRAIRIE DE CHAMBET AINÉ

quai des Célestins,
angle de la rue d'Amboise.

1847

GUIDE DU VOYAGEUR

A LA

GROTTE DE LA BALME

L'UNE DES SEPT

MERVEILLES DU DAUPHINÉ /ISÈRE/

par **M. BOURRIT** aîné

Ancien Président du Consistoire à Lyon, Chevalier
de la Légion-d'Honneur.

TROISIÈME ÉDITION.

LYON

LIBRAIRIE DE CHAMBET AINÉ

quai des Célestins, angle de rue d'Amboise.

1847

Imprim. d'H. Brunet, Fonville et C.
rue Sainte-Catherine 11 Lyon

AVIS DE L'EDITEUR.

La réputation de la GROTTE DE LA BALME, qui l'a rangée au nombre des sept merveilles du Dauphiné, y attire chaque année un grand concours de voyageurs, de peintres et de naturalistes. Cette grotte est, surtout pour les Lyonnais, le but d'une promenade d'été très agréable et facile; mais les descriptions que divers auteurs en ont faites, se trouvent enfouies dans des dictionnaires, des mémoires académiques, qui ne sont pas à la portée de tout le monde; d'ailleurs, à l'exception de la notice que feu le marquis de La Poype inséra, en 1784, dans le JOURNAL DE LYON, la plupart de ces descriptions sont trop inexactes, et nous avons cru rendre service aux amateurs de voyages, en publiant une nouvelle édition des lettres de M.

Bourrit sur ce beau monument de la nature. Les premières sont depuis longtemps épuisées, et leur succès, qui les a rendues rares, en a fait désirer d'autres. Les éloges qui lui ont été donnés par M. Aimé Martin dans ses Lettres a Sophie sur la Physique; par M. Patrin, de l'Institut, dans ses Notes sur les Eaux souterraines; par M. Deping, dans sa description des Merveilles de la Nature en France, et par plusieurs autres écrivains ont acquis à l'Itinéraire de M. Bourrit une réputation méritée, et ont fort multiplié le nombre des personnes désireuses de visiter la Balme.

LETTRES

SUR

LA GROTTE DE LA BALME.

PREMIÈRE LETTRE

Route de Lyon à Notre-Dame de la Balme.

Puisque vos nombreuses occupations administratives n'ont pu jusqu'à ce jour vous permettre de visiter la superbe grotte de la Balme, je vais tâcher de vous en donner une idée.

Ce fut avec le marquis de La Poype, qui m'honorait de son amitié, et que j'accompagnai souvent dans ses voyages, que je visitai pour la première fois (en 1782) la grotte de la Balme, et dès lors je conservai le désir de la revoir. Ma natation dans son lac souterrain se retraçait souvent à mon esprit comme l'effet d'une jeunesse ardente, forte, supérieure à toute espèce de crainte; et plus les années m'ont éloigné de cet heureux âge de la vie, plus j'ai trouvé de plaisir à me rappeler cet acte de témérité, comme si le souvenir de la vigueur qu'il suppose adoucissait le chagrin de sentir qu'elle n'est plus. Semblable à ces vieux guerriers qui, ne pouvant plus signaler leur bravoure, se consolent en racontant leurs exploits, non seulement j'aime à parler de ma descente dans ces lieux sombres, mais encore j'aimerai toujours à les revoir. C'est peut-être ce sentiment, autant que le goût des montagnes héréditaire dans ma famille, qui m'a fait profiter avec joie de mon établissement à Lyon pour retourner plusieurs fois à la Balme; je la connais donc assez bien pour oser en écrire la description, et la rendre publique.

Cette grotte est à neuf lieues à l'est de Lyon, dans le département de l'Isère, à vingt minutes du Rhône, dans l'intérieur d'une colline d'environ cent mètres de hauteur; ce coteau fait partie de cette longue chaîne de petites montagnes qui, vue du quai Saint-Clair à Lyon, auquel elle semble parallèle, forme comme le premier gradin des Alpes de la Savoie et du Dauphiné.

La route la plus directe pour s'y rendre est celle qui, de La Guillotière, passe par *Villeurbanne*, *Meyzieu*, *Pusignan* et *Pont-Chéri*.

Villeurbanne, à une petite lieue de Lyon, est une grande commune du département de l'Isère; ses habitations sont fort dispersées; le sol en est très productif, à cause de l'abondance des engrais que fournit Lyon et de la proximité de cette ville; mais plus loin, le pays est sablonneux, et n'offre, jusqu'à Meyzieu, que des vues de plaines monotones fort étendues.

Ce village, où l'on s'arrête pour rafraîchir les chevaux, est à deux lieues et demie de Lyon. Il a, sur la droite, une jolie colline dominée par un château qui a échappé comme par miracle aux incendiaires de la révolution. Une troupe, arrivée de Lyon, les surprit et les dispersa à l'instant même où, la torche à la main, ils allaient y mettre le feu.

Depuis Meyzieu le paysage s'anime par plus d'inégalités dans le terrain et par le rapprochement des montagnes, dont les formes, plus distinctes, ôtent à l'horizon cet aspect vague qu'elles présentent lorsqu'elles sont trop éloignées.

Après le hameau de Janeyriat, la route cotoie la gauche d'un immense marais ceint, dans toute son étendue, de petites hauteurs bien cultivées. A l'exception de quelques points où le nénufar atteste la difficulté de le dessécher entièrement, il offre dans l'été l'image agréable d'une vaste prairie égayée par des troupeaux; mais dans les autres saisons les eaux le recouvrent, et le temps qu'exige leur évaporation le rend alors aussi malsain qu'il est triste et fangeux. Heureusement qu'une compagnie, autorisée sous Napoléon par une loi, entreprit le desséchement des nombreux marais qui avoisinent tout le cours de la Bourbre. Cette compagnie a rendu bien des terres à la culture et assaini plusieurs cantons riverains; mais il reste encore beaucoup à faire pour régulariser tout le cours de la rivière et l'empêcher de s'étendre.

De l'extrémité du marais à Pont-Chéri il n'y a qu'une demi-lieue ; la route tourne à gauche et traverse un petit hameau, d'où l'on est, en quelques minutes, à Pont-Chéri, dont l'abord est fort agréable. Après avoir traversé un pont de pierre sur la Bourbre, on arrive sur la place du village ; elle est assez étendue, et d'un joli aspect produit par le mélange de l'eau, des arbres et des maisons.

C'est ici qu'il faut dîner. Il y a plusieurs auberges; mais on trouve plus de bonne volonté pour bien servir les voyageurs, que de moyens de le faire, parce que les aubergistes ne peuvent compter ni sur l'instant de leur arrivée ni sur leur nombre : aussi pour l'ordinaire le repas se fait-il long-temps attendre; heureusement que les promenades charmantes que forme la rivière, font aisément supporter l'attente du dîner à ceux qui vont les parcourir. En effet, il serait difficile de trouver une rivière et un bois plus gracieusement disposés. A quelques minutes de la place, au bas d'une prairie, la Bourbre serpente avec tant de tours et de détours que son cours est un vrai labyrinthe : ici elle se divise en plusieurs canaux entrecoupés de plusieurs îles tapissées de verdure et qu'ombragent divers bosquets, des peupliers et des vernes; là l'eau paraît immobile, unie comme une glace, et si limpide qu'elle laisse voir à plusieurs pieds le cailloutage ou le sable de son lit; ailleurs, réunissant ses eaux et trouvant une pente, elle précipite ses ondes argentées sans que leur pureté soit troublée; quelquefois ses bords sont si rapprochés qu'il semble qu'on pourrait la franchir; dans d'autres endroits elle est assez large et profonde pour inviter à s'y promener en bateau sous un vaste berceau de feuillage. J'y ai vu un gros arbre renversé présenter un pont, et ses branches, dont l'eau avait conservé la verdure, faire comme une haie qui servait de barrière; souvent aussi, prés du village, on voit des flotilles de canards dont les jeux et les plongeons animent l'onde et le bocage. Dans les endroits qui paraissent le plus écartés, les yeux, en fouillant au travers des branches d'arbre, découvrent des maisons, des agriculteurs, ou des troupeaux qui pâturent; et l'on se croirait parfaitement isolé, si l'on n'entendait ces bruits champêtres qui plaisent tant à l'oreille fatiguée du tumulte des villes. On poursuit de l'œil mille petits poissons qui fendent une onde dont la clarté enchante, lorsqu'on n'a vu depuis long-temps que les eaux tristement opaques de la Saône ou du Rhône. On se plaît à voir cette aimable rivière réfléchir le ciel et ses nuages, les arbres, les buissons et les objets d'alentour; on compte les grains de sable de son lit; on aimerait à s'y baigner, lire ou s'endormir sur ses bords. Je ne les ai jamais visités sans leur appliquer la charmante description que Fénélon, fait, dans son *Télémaque* de la rivière voisine de la grotte de Calypso.

De Pont-Chéri on peut aller à la Balme dans trois heures. Il faut prendre le chemin au nord-est de la place ; la première moitié en est souvent mauvaise, tantôt à cause des eaux qui y séjournent ou des cailloux que les laboureurs ont la mauvaise habitude d'y jeter des champs voisins, tantôt à cause des terres sablonneuses qu'on traverse à la droite du Rhône. Sa rive est fort élevée, le fleuve est profondément encaissé, et dans quelques endroits, quelqu'un qui ne connaîtrait pas la route, fort mal tracée, pourrait aisément s'y précipiter pendant la nuit ou dans un temps de brouillards.

Ces champs, ou plutôt ces vastes plaines de sable qu'on traverse, ne produisent qu'avec peine de chétives récoltes : en vain y met-on parquer les brebis, le sol mobile ne se lie point aux racines et ne leur fournit qu'une maigre substance. Cependant cette route n'est pas sans agrément : la vue, du côté du nord et de l'ouest, se prolonge fort au loin vers Lyon et dans la Bresse, tandis qu'on a devant soi cette chaîne de petites montagnes dont j'ai parlé ; leurs sinuosités se détachent d'autant plus, qu'on s'en approche davantage, et occupent par leur variété. C'est surtout vers le coucher du soleil, lorsqu'il colore ces montagnes, qu'elles offrent un coup-d'œil très singulier : la partie voisine du château de Hières, qu'on aperçoit à leur gauche, est composée de rochers taillés à pic, à la hauteur d'une centaine de mètres. Il y a dans leur coupe et leur direction une certaine régularité qui leur donne l'apparence d'une ville considérable ou d'une superbe suite de remparts; l'illusion est telle, qu'il faut disputer avec soi-même pour ne pas en être la dupe.

Ce sont ces mêmes rochers, de couleur jaune, qu'on remarque de Lyon l'après-midi; ils peuvent servir d'indicateurs pour reconnaître la situation des principaux points du pays.

En avançant, on voit le village de Saint-Étienne, placé sur une hauteur agréable et fertile. On le laisse sur la gauche; à quelque distance paraît le château de Hières, qui domine le hameau de ce nom. Ce fut là qu'en 1782 je passai quelques semaines de bonheur avec le marquis de La Poype, qui en était seigneur; mais la révolution l'a vu crouler en partie sous les flammes, et M. de La Poype, contraint de fuir sa patrie, est mort en Amérique dans une situation fort étroite, après avoir joui en France d'une fortune considérable.

Après les champs de sable dont j'ai parlé, on prend sur la droite un chemin qui aboutit bientôt à celui de Crémieux à la Balme. Il est roulant, et l'on ne risque plus de s'égarer; il longe la montagne, et devient d'autant plus agréable, qu'on s'approche davantage du village.

A son entrée, sur la gauche, est une fort belle maison neuve; sa vaste cour, ses belles dépendances, son jardin, l'ordre et la propreté qui y règnent partout annoncent le goût et l'opulence. C'est M. Drujeon, de Lyon, qui l'a fait bâtir; il l'habite presque toute l'année, et accueille les personnes qui lui rendent visite, avec une obligeance dont j'ai profité plus d'une fois.

Autrefois à la Balme il n'y avait point d'auberge où l'on pût coucher: à peine y trouvait-on de quoi faire le plus maigre repas; c'est pourquoi ceux qui voulaient y séjourner, étaient obligés de recourir à la complaisance des particuliers; aussi, plus d'une fois, feu M. Lurrin, curé de la Balme, m'a logé dans son presbytère. Mais à présent on trouve à l'hôtel de M. *Favre aîné*, fermier actuel de la grotte, de l'empressement à recevoir les étrangers; messieurs les voyageurs y trouveront beaucoup d'aptitude à les servir, et de bons guides pour la visite de la grotte.

Le village de la Balme a pris beaucoup d'accroissement depuis quelques années; il y a aussi plus d'aisance et de mouvement, qu'augmenteront sans doute le pont de pierre construit au saut du Rhône et la nouvelle route qui y conduit. Il est donc probable que la prospérité de la Balme ira encore croissant, d'autant plus que les visiteurs de sa grotte deviennent plus nombreux chaque année, et font circuler plus de numéraire[1].

A peine a t-on pris pied à l'auberge, qu'on se hâte de courir pour voir l'entrée de la grotte, qui n'en est qu'à trois cents pas environ. Les jeunes gens, dès qu'ils la voient, s'élancent pour y entrer; mais ils sont bien désappointés d'en

---

[1] C'est probablement à l'existence de cette grotte que le village doit la sienne, son nom même l'indique : car les mots de *Balma* en italien, de *Baume* et de *Balme* dans l'ancien gaulois, ainsi que dans le patois de la Provence et du Dauphiné, signifient *caverne* ; c'est encore pour cela que la plupart des grottes de France et de Savoie s'appellent *Balme*, et que la caverne qu'on prétend avoir été habitée par sainte Madeleine, porte le nom de *Sainte-Baume*.

être empêchés par un mur et des barrières fermées à la clé. Autrefois, lorsqu'elle était moins visitée, elle était ouverte à tout venant; elle servait même d'entrepôt à beaucoup d'habitants pour du bois, de la paille, des voitures, etc. Maintenant la mairie a trouvé le moyen de mettre à contribution, au profit de la commune, la curiosité publique : elle afferme à ses habitants le droit de guider les voyageurs; pour se l'assurer, ces fermiers ont dû nécessairement en fermer l'entrée.

Cette mesure est avantageuse aux visiteurs, en ce qu'ils ne sont plus poursuivis comme autrefois par quantité de gens qui voulaient les conduire, et parmi lesquels ils ne savaient à qui donner la préférence; souvent même ceux qu'ils avaient refusés persistaient à les suivre, à vouloir les aider, et devenaient des importuns fort incommodes. Cet inconvénient n'existe plus, et l'on a des guides sûrs et expérimentés.

L'ouverture de la grotte est à peine à un jet de pierre des maisons qui sont en face. L'après-midi est le moment le plus favorable pour bien la voir, parce que les rayons du soleil l'éclairent profondément, et en dessinent tous les détails; car les rochers de la voûte et du fond présentent de belles masses avec une grande variété de couleurs et de tons. Cette entrée majestueuse est un beau morceau d'étude pour les peintres paysagistes [1].

---

[1] M. Richard, l'auteur du charmant tableau si connu de *François I*er, n'a pas cru consacrer trop de temps à ses études en restant plus d'un mois à la Balme. Il a fait à l'huile un fort bel ouvrage, représentant les rochers du fond du vestibule. M. Thierriat, conservateur du Musée, et M. Rey, professeur de l'école royale de dessin et de peinture à Lyon, lui ont aussi consacré leurs pinceaux.

En effet, rien de plus beau que cette entrée vue à quelque distance! Représentez-vous, dans les proportions les plus gracieuses, quoique colossales, une ouverture semblable à un grand arc de triomphe, taillée dans un rocher à pic dont de jolis buissons, qui en recouvrent le sommet, forment le couronnement. A droite et à gauche, du lierre et des arbustes descendent en festons, et viennent se joindre à des plans inclinés de verdure qui s'élèvent depuis le village jusqu'au rocher, comme pour en égayer les bases. En avant, une croix de pierre sur un tertre de gazon, quoique uniquement placée pour inspirer une confiance religieuse, semble faite aussi pour embellir le site. Près de là, un jeune frêne placé à côté du sentier de la grotte s'élance, se dessine sur les rochers, et semble vouloir en mesurer la hauteur. Ce qui, surtout, donne à cette belle entrée un aspect tout différent de celle des autres grottes, ce qui étonne, c'est d'y voir un bâtiment intérieur s'élever presque au niveau de la voûte qui le recouvre ; c'est de voir un torrent sortir du fond de cet antre, rouler entre les bases de l'édifice [1], et venir achever le devant du tableau. A cette vue, «O mon père! m'écriai-je, que n'êtes-vous ici pour peindre cet admirable ensemble ! [2] »

[1] Il n'est pas très exact de dire qu'on voie le torrent rouler entre les bases de l'édifice; cela n'est vrai qu'à l'époque où le lac s'élève jusqu'à la voûte qui le recouvre, et que la grotte des Chauves-Souris est aussi pleine d'eau : ce qui n'arrive presque jamais dans l'été, car alors les eaux de la grotte ne sortent de terre qu'à une trentaine de pas en avant hors de la montagne.

[2] M. Bourrit n'est pas moins connu par ses tableaux des *Alpes* que par ses diverses descriptions des glacières; ce fut comme peintre et comme écrivain qu'il fut pensionné par Louis XVI, Napoléon et Louis XVIII. C'est de ses tableaux des

Alpes que le célèbre de Saussure a fait cet éloge remarquable :

« Leur exactitude peut s'appeler mathématique; j'en ai souvent vérifié les proportions avec le graphomètre, sans pouvoir y découvrir d'erreurs. La gravure ne peut rendre la force et la vérité avec laquelle il exprime les glaces, les neiges et les jeux infiniment variés de la lumière au travers de ces corps transparents. »

(De Saussure, *Disc. prélim.*, page 28.)

DEUXIÈME LETTRE.

Description de l'Intérieur de la Grotte.

La plupart des relations de la Balme donnent à son ouverture une grandeur exagérée : on l'a portée jusqu'à cinquante toises d'élévation. Or, comme l'œil se trompe aisément sur des mesures de ce genre, je voulus avoir, il y a quelques années, les dimensions principales de toute la grotte. MM. Binet de Salettes, et feu M. Lurrin, alors curé de la Balme, eurent la bonté de m'aider dans ce travail et en ont certifié l'exactitude ; or, nous ne comptâmes depuis le lit du torrent jusqu'au sommet de la voûte que trente trois mètres de hauteur perpendiculaire sur vingt-un de largeur.

Ce qui donne, surtout au vestibule de la grotte, cet air de majesté qui impose, c'est qu'elle conserve ses belles proportions dans une longueur de soixante et seize mètres. L'édifice dont j'ai parlé en occupe la partie antérieure ; il est composé d'un appartement pour un prêtre et de deux chapelles bâties l'une sur l'autre, surmontées d'une espèce de clocher ; un large escalier découvert, conduit de la barrière d'entrée sur une plate-forme, servant de parvis à la chapelle de Saint-Jean et à celle de la Vierge.

C'est de là qu'on jouit d'une vue unique dans son genre. Devant soi, c'est-à-dire au couchant, on a le village, la plus riante verdure et les campagnes, qui paraissent encadrées dans l'ouverture de la grotte. Qu'on se retourne, et la terre semble montrer ses entrailles : les cavités, où un faible jour laisse à peine apercevoir des blocs immenses confusément entassés ; les pierres du torrent, les rocs éboulés, et les renversements les plus terribles des montagnes : tels sont les objets qui frappent les regards, *est descensus Averni.* On ne voit point de stalactites, rien d'uniforme ; de distance en distance, pendent des crêtes de rochers ; de larges ouvertures par lesquelles elles s'éclairent les unes les autres, les rendent assez semblables aux ruines de quelque château antique vues dans un sens renversé. Partout des excavations profondes font présager des souterrains et des objets nouveaux.

A l'impression que produit le contraste de ces deux vues, il faut ajouter celle des pensées religieuses, auxquelles tout ramène. Outre ces mots : *Sancte Johanne Baptista, ora pro nobis*, on lit cette phrase inscrite sur le seuil de la porte: *Malheur à ceux qui profaneront la sainteté de ce lieu !* Mais, qui pourrait profaner un tel sanctuaire ? il me semble qu'il doit prêter à la majesté du culte, et que toutes les têtes, dans l'attitude du plus profond respect, doivent se tourner vers la voûte de la grotte, noble basilique, pour admirer et bénir la main qui la posa.

Les chapelles dont je viens de parler, ne servaient pas autrefois au culte journalier: on n'y venait en procession que dans des cas extraordinaires de calamité, et le 15 août de chaque année pour y célébrer une messe solennelle en l'honneur de Notre-Dame; alors on y accourt de tous les villages d'alentour.

Désireux d'assister une fois à cette fête, je m'y rendis en 1823. Le temps était superbe, et j'avoue n'avoir rien vu à la fois de plus solennel et, si j'ose parler ainsi, de plus religieusement pittoresque. Ceux qui connaissent la Balme ou qui la visiteront, comprendront facilement comment certaines localités peuvent influer beaucoup sur l'effet d'une solennité religieuse. Qui ne sait quel charme magique une foule silencieuse, la grandeur d'une église, la richesse des ornements, la beauté de la musique et l'éclat des lumières prêtent au culte public? Or la messe du 15 août, dite dans la chapelle élevée sous la superbe voûte de la grotte, offrait un spectacle unique dans son genre. Représentez-vous toute la population de la Balme et celle des communes voisines pressées dans la chapelle, sur la haute terrasse qui en forme le parvis, sur son large escalier, et se prolongeant en longue file sur le chemin jusqu'aux premières maisons du village ; tout le gazon à droite du torrent et jusqu'aux moindres saillies de rocher, enfin tout le sol de la grotte aussi loin que le jour pouvait y pénétrer; représentez-vous, dis-je, cette foule de plusieurs milliers d'hommes, de femmes et d'enfants qui occupaient toutes les inégalités du terrain, formant des groupes variés à l'infini, ajoutez-y le chant des hymnes répétés par les échos, et vous n'aurez encore qu'une faible idée de ce beau spectacle.

Ce fut surtout au moment de l'élévation, que l'émotion religieuse fut à son comble, lorsque toute cette masse d'adorateurs du Christ, s'agenouillant, le front courbé vers la terre, demeura immobile et silencieuse comme si elle n'eût fait qu'un seul homme. Alors qui eût osé avoir d'autres pensées que des pensées religieuses? De telles solennités, plus que les plus beaux discours, prouvent irrésistiblement que le sentiment religieux est en nous comme un instinct donné par le Créateur pour unir le ciel et la terre par le respect, l'espérance et l'amour.

Après avoir joui à loisir du spectacle de la grotte vue de la plate-forme, nous allumâmes nos flambeaux, et nous montâmes par le lit du torrent. Il fallut gravir au milieu de ses décombres, qui semblent ne laisser aucune approche; leurs masses énormes, leur entassement; la forte inclinaison du terrain, arrêtent à chaque pas; la voûte s'abaisse, la grotte se divise en deux branches, et l'on perd entièrement la lumière du jour.

Ici, je pris la branche gauche, qui conduit au lac; le chemin, quoique assez pénible, l'est moins qu'autrefois, parce que les pieds des voyageurs y ont tracé une espèce de sentier, au bord duquel j'ai remarqué sur un bloc de pierre une grande coquille pétrifiée, après laquelle on arrive bientôt au pied de cet amphithéâtre de bassins dont tous les auteurs font mention. Avant de les examiner, ont doit tirer à gauche, pour visiter ce qu'on appelle *la grotte des Diamants*. C'est une espèce de labyrinthe composé d'excavations plus ou moins étroites, basses ou élevées; elles sont percées de diverses ouvertures, et très variées dans leurs formes et leur direction. Ces passages, quoique ayant peu d'étendue, semblent occuper un plus grand espace, parce qu'ils reviennent en quelque sorte sur eux-mêmes. Lorsqu'il y a plusieurs personnes, on aperçoit leurs lumières par des fentes semblables à des embrasures, ou réfléchies par les voûtes, ce qui produit des effets d'autant plus agréables, que les eaux, ayant formé ces excavations, ont déposé en plusieurs endroits ce sédiment à facettes crystallisées qui reflète et multiplie les rayons lumineux; c'est la cause qui a valu à ce labyrinthe le nom pompeux de *grotte des Diamants*.

Après cette petite excursion, on revient aux bassins.

Là, sur une largeur de six mètres, les eaux ont creusé une multitude de bassins demi-circulaires qui, par une suite de petites cascades, versent leur onde les uns dans les autres; le sédiment qui les recouvre est d'un mat blanc. On croit voir des bénitiers faits avec soin ; le ciseau ne saurait rien tailler de mieux fini, et leurs rebords, arrondis avec grace, forment autant de lèvres bien polies, terminées en *larmes* (terme d'architecture) régulières, de la plus grande délicatesse. Ces bassins, dont le nombre et la forme sont variables, suivant que les eaux sont plus ou moins hautes, rapides, lentes ou stationnaires, ne présentent pas toujours le même aspect : tantôt ils se versent leur onde comme si c'était un château d'eau ; tantôt ils sont presque à sec, et leur blancheur est relevée par de brillantes facettes. Ces bassins offrent dans leur ensemble une section conique qui du sommet au bas va toujours en s'élargissant en demi-cercle par la multiplication des bassins. Une fois j'en comptai cinquante, qui formaient trois divisions principales ; les grands se modifient en une quantité de plus petits, semblables à ces grandes couches de rochers qui sont elles-mêmes subdivisées en un grand nombre de plus petites.

La mairie de la Balme a sagement défendu de rien casser de ces bassins, parce qu'ils sont un de ces jeux rares de la nature qu'elle forme lentement, et l'une des curiosités les plus intéressantes de la grotte. Malheureusement, il y a des amateurs peu scrupuleux qui, voulant en emporter quelques fragments, et n'ayant pas les outils nécessaires, cassent, brisent avec des cailloux, et c'est toujours les plus jolis morceaux qu'ils attaquent; il faudrait que les fermiers fussent attentifs à empêcher ces inutiles dégâts [1].

A côté des bassins sont deux petites ouvertures par lesquelles l'eau s'élance lorsqu'elle est abondante ; mais alors on ne peut aller plus loin; pour pénétrer plus avant, il faut que les eaux soient basses et le torrent à sec. Au dessus

---

[1] C'est au pied du bassin qu'il faut faire brûler un pot à feu de Bengale, c'est la seule manière de voir tous les détails de la voûte et l'ensemble de cette partie de la grotte ; quel que soit le nombre des lumières qu'on porte, il est toujours insuffisant pour tout voir, on ne saurait imaginer la beauté du spectacle que produit l'éclat d'un pot à feu, rien ne saurait le suppléer.

des bassins, le sol sur lequel on marche, mérite d'être examiné. Le sédiment qui le recouvre est agréablement ciselé jusqu'à une petite colonne semblable à un tronc d'arbre, dont les racines forment sur le terrain des protubérances qui s'effacent insensiblement; sans doute qu'en filtrant sur le rocher, les eaux y ont déposé la matière blanche des stalactites, l'ont arrondie, modelée, et y ont gravé les jolies configurations qu'on y remarque; cependant pour les voir il faut les considérer de très près. Ce sont de ces agréments de détail auxquels peu de gens font attention, et qui cependant méritent d'être vus. C'est sur cette espèce de colonne qui domine les bassins, que j'ai gravé l'inscription dont je parlerai plus bas. Depuis cet endroit, il faut, pour arriver au lac, descendre presque autant qu'on a monté; mais, bien que courte, cette descente n'est ni agréable ni facile.

Le roc au bas duquel il faut descendre, est coupé verticalement; mais dans le haut il est lavé et poli, comme si les eaux allaient au lac, loin d'en venir. Le bas de ce mur a une rangée de franges en *larmes* d'un demi-pied, tellement uniformes, qu'on les dirait sculptées par un habile ouvrier; mais ce qui m'a surpris davantage, c'est que le mur les surplombe de quelques pouces, comme pour les préserver des objets extérieurs: il faut qu'il y ait là un reflux, sans lequel je ne saurais concevoir que les eaux du lac qui doivent venir battre ces franges, ne les aient pas détruites.

Plus avant, on se trouve engagé dans des espèces de puits placés à côté les uns des autres, et n'ayant pour séparation que des parois de quelques pouces d'épaisseur; les formes qu'ils affectent sont la carrée, la triangulaire et leurs composés. Semblables à de grands bassins de fontaine de quatre à huit pieds de profondeur, ces puits ont leurs cloisons presque verticales et recouvertes d'un limon glissant qui en rend le passage très scabreux; il faut s'aider des mains, se soutenir, s'éclairer les uns les autres, soit pour monter, soit pour descendre, et l'on peut aisément faire de mauvaises chutes. Vous jugerez de la difficulté de ce passage par celle qu'y éprouvent les chiens : deux fois j'en ai mené un avec moi, et deux fois, malgré leur agilité et leurs efforts, ils y ont été pris comme dans des fossés, sans pouvoir s'en sortir; il a fallu les y laisser jusqu'au retour du lac, et souffrir leurs tristes hurlements. Ces animaux n'embarrassent guère moins lorsqu'on visite les autres parties de la grotte, parce que, réduits à suivre à la lueur des flambeaux et privés de la raison qui nous guide, ils se tiennent aussi près que possible de leurs maîtres, se trouvent souvent entre leurs jambes, et s'ils n'occasionent pas de chute, au moins sont-ils très incommodes [1].

Comment ces puits ont-ils été formés ? c'est ce qui n'est pas facile à comprendre, à moins qu'on ne suppose au dessus de chacun d'eux, des points d'écoulement par lesquels les eaux, en tombant de la voûte, auront pu les creuser à la longue. De là, on arrive d'abord au lac par un plan uni légèrement incliné. La voûte qui le recouvre peut avoir douze ou quinze pieds de hauteur, sur une même largeur; elle

---

[1] Ce passage des puits est maintenant plus facile, parce qu'on a abattu les portions de rocher les plus gênantes ; mais là comme ailleurs, l'amélioration du chemin s'est faite aux dépens de l'œuvre singulière de la nature.

s'étend sur une eau calme et transparente qui réfléchit agréablement la lumière. Cependant on est moins frappé de ce qu'on voit, que désireux de connaître d'où vient ce lac et quelle en est l'étendue : ici, l'imagination est bien plus occupée que les yeux. Lors de mon premier voyage avec M. de La Poype, je comptais sur le bateau qu'il y avait fait transporter deux années auparavant ; mais l'humidité l'avait mis hors de service. M. de La Poype, qui s'était donné le plaisir de cette navigation souterraine, fut peu sensible à cette perte ; mais elle me chagrina tellement, que, pour satisfaire ma curiosité, je résolus d'y pénétrer à la nage. Une autre lettre vous apprendra quel fut le succès de ma témérité.

En revenant sur nos pas, nous visitâmes d'autres parties de la grotte, toutes plus ou moins intéressantes par leur étendue, la variété de leurs formes, ou la multiplicité de leurs excavations. Je grimpai dans l'une d'elles, d'où par une espèce d'embrasure, je voyais les personnes qui m'attendaient ; j'étais, tantôt au dessus, tantôt au dessous d'elles ; ce qui produisait des jeux de lumières quelquefois très singuliers. Quelques-unes de ces excavations ont la forme d'entonnoir, et partout on y trouve un limon fin, silloné comme si l'eau y avait coulé récemment. Je remarquai aussi à la voûte quelques enfoncements circulaires d'un à trois pieds environ de diamètre, assez semblables à des canaux ; mais pour les bien examiner, il faudrait avoir de longues échelles, ou les éclairer par des flambeaux élevés sur des bâtons. Cependant je ne trouvai point de filtration considérable, et l'inspection de toute la grotte me persuade que ces entonnoirs sont d'anciens points d'écoulement obstrués, et que c'est seulement à l'extrémité du lac, que sont ceux par lesquels les eaux de la montagne y descendent.

TROISIÈME LETTRE.

Grotte des Chauves-Souris. Appartements du Roi, ou Labyrinthe.

La seconde branche principale de la grotte prend son origine au fond du grand vestibule où sont les chapelles ; elle s'étend à droite de la branche du lac, et, par ses décombres beaucoup plus considérables, paraît avoir souffert de plus violentes secousses ; son sol est aussi plus élevé. Au premier abord, les rochers sont si grands, si fort entassés, qu'elle paraît inaccessible, et j'ai vu plusieurs personnes, même des jeunes gens, ne pas oser entreprendre de les affranchir ; cependant, en fesant quelques détours, ou en s'aidant un peu des mains, on parvient bientôt au sommet, et l'on est bien dédommagé de sa peine par l'aspect du grand vestibule, dont, à la faveur d'un peu de jour qui pénètre jusque là, on voit encore une partie [1]; néanmoins il serait très dangereux de laisser éteindre les lumières: il serait difficile de ne pas éprouver quelque accident.

Après quelques instants de marche, on arrive par un chemin assez facile à un stalagmite haut d'un mètre soixante-six ; sa forme lui a fait donner le nom de *Capucin* : en effet on croit voir un corps surmonté d'une tête encapuchonnée ; les eaux y ont sillonné des plis de robe ; une partie creusée assez profondément paraît détacher une manche ; mais les proportions, assez bonnes en 1782, ont changé depuis : ce simulacre de ca-

---

[1] C'est dans cet emplacement que je conseille de brûler encore un pot à feu du Bengale.

pucin a pris beaucoup trop d'embonpoint, et dans quelques années, s'il continue à grossir, son obésité le rendra méconnaissable.

En avançant davantage on arrive à la salle dite *des Chauves-Souris;* ce nom lui fut donné parce qu'il y en avait autrefois une si prodigieuse quantité, qu'elles tapissaient les rochers ; elles éteignaient même dans leur vol les flambeaux des voyageurs, qui les épouvantaient, et quelques personnes ont eu la cruauté de brûler celles qui se tenaient accrochées au mur. Le nombre des visiteurs ayant beaucoup augmenté, la plupart de ces oiseaux ont déserté ce domicile pour se loger dans des retraites inaccessibles. Leur fiente répandait autrefois une odeur méphitique, désagréable, et rendait le terrain fort glissant; malheur alors aux dames habillées en blanc lorsqu'elles venaient à tomber! mais, comme je l'ai dit, cet inconvénient n'est presque plus à craindre, d'autant plus que les habitants du village enlèvent ce fumier, qui fait un excellent engrais.

Cette branche de la grotte se maintient jusqu'au bout dans une assez grande largeur. Elle paraît avoir été le lit d'un lac ; le sol en est uni, il est formé d'une roche dont toutes les inégalités sont arrondies et recouvertes d'un sédiment grisâtre, on y voit quelques stalagmites ayant la forme de mamelles ou de rotules.

A l'extrémité du souterrain il y a un stalactite très remarquable : il forme un grand bassin polygone, du milieu duquel s'élève un groupe arrondi ayant l'air d'une colonne qui supporte la voûte ; l'eau, en filtrant le long, vient remplir le bassin. C'est sans doute le Capucin, ce stalactite, et quelques autres, qu'on a baptisés des noms de tuyaux d'orgues, de jambons, saucissons, etc. Il y a dans toute cette grotte des formes si bizarres, si pittoresques et si variées, le mouvement des lumières produit des ombres si mobiles et qui grandissent si fort les objets, que l'imagination s'exalte très facilement ; le spectacle qu'on a sous les yeux, est quelque chose de si nouveau et de si extraordinaire, qu'on devient presque comme les enfants, qui, dans l'obscurité, croient voir des fantômes, des animaux, des grotesques, et se font mille illusions dont les années seules détruisent la fantasmagorie.

Un peintre décorateur, frappé des beautés de cette grotte, m'a dit en avoir transporté plusieurs tableaux au théâtre, à la grande satisfaction du public ; moi-même, lorsque je visitai la Balme pour la première fois, je pensai retrouver tout ce que l'imagination m'avait figuré dans mes jeunes années, en lisant les descriptions des retraites des magiciens et des fées, dans *les Mille et une nuits* et dans les brillantes rêveries de l'Arioste. Aujourd'hui encore, il me semble que la Balme doit avoir donné lieu à toutes ces fictions, et que la fameuse Antiparos ne saurait la surpasser.

En revenant sur nos pas, nous visitâmes des excavations d'un genre particulier, assez semblables aux crevasses perpendiculaires du glacier des Buissons, à Chamouni. Elles sont fort étroites, mais varient de deux à sept mètres de hauteur; leur grand nombre en fait un labyrinthe où il est dangereux de s'engager sans un guide expérimenté, comme je l'ai éprouvé une fois. J'avais autour de moi des ouvertures si ressemblantes entre elles, que nous ne savions par laquelle nous étions arrivés; mais le plus inquiétant était qu'aucune de ces ouvertures n'était assez large pour y passer le corps : il semblait que la montagne se fût resserrée sur nous. Cependant, à force de tentatives, nous retrouvâmes la bonne issue ; mais je me promis bien de ne pas y retourner sans le fil d'Ariane, pour ne pas expirer dans ce triste dédale, où plus d'une fois il faut marcher de côté, se traîner sur le ventre, salir, déchirer ses vêtements, et s'exposer au sort de cet Anglais qui, visitant la grotte entre Cluse et Maglan sur la route de Chamouni, ne put sortir d'un passage, où cependant il était entré, qu'en sacrifiant un peu de ses trop larges épaules. C'est pourtant ce qu'on appelle ici l'*Appartement du Roi*.

Les jeunes gens, qui pour l'ordinaire sont minces, n'éprouvent pas la même difficulté que les hommes faits : c'est pourquoi ils aiment à parcourir ce labyrinthe. Malgré mes peines (je dirai presque mes angoisses), j'y eus une agréable surprise. En serpentant dans ce palais d'un nouveau genre, nous arrivâmes dans la partie de la montagne qui forme la voûte du grand vestibule ; placé perpendiculairement au dessus de l'église, je la voyais par un trou, avec le torrent, ses décombres et une petite portion de la campagne ; ce qui fesait un coup-d'œil singulièrement pittoresque.

QUATRIÈME LETTRE.

Grotte presque inaccessible et dangereuse.

Quelque temps après la première édition de cet Itinéraire, j'appris que le hasard avait fait découvrir une nouvelle grotte fort étendue. On m'en exagéra tellement les dimensions, que je ne pus résister à l'envie de la visiter, pour en accroître ce que j'osais presque appeler mon domaine. On s'y rend par la branche des Chauves-Souris. Mes guides me montrèrent, sur la gauche, une ouverture fort étroite qui ressemblait assez à l'intérieur d'un de ces vieux saules auxquels le temps et les insectes n'ont plus laissé que l'écorce; on y plaça une petite échelle, qu'il me fallut monter avec la plus grande précaution pour ne pas donner de la tête contre des portions de stalactite qui pendaient au dessus de moi, et ne laissaient entre elles qu'un passage à peine suffisant pour mon corps. Quoique l'un des guides fût au dessus de moi avec une lumière, et un autre au dessous, je ne pus m'élever dans ce canal tortueux qu'en me servant à la fois des pieds, des mains et des genoux. C'était comme une vis dont il fallait, en se contournant, suivre la spirale ; et, sans doute, j'aurais renoncé à ce tour de force et d'adresse, si cette singulière localité n'avait pas été formée par un stalactite très propre et fort agréablement ouvragé; d'ailleurs, le guide qui me précédait, ne cessait de me dire: *Patience, Monsieur, encore un effort, et vous serez au salon.* Je poussai donc, et, moitié de mauvaise humeur, moitié riant, je sortis enfin de là comme le ver qui se délivre de sa peau. Je regardai ; mais que mon attente fut trompée! Je ne vis qu'un long corridor dont la voûte n'avait que quelques décimètres au dessus de ma tête, et dont la largeur ne variait guère entre deux et trois mètres. Il ressemblait à ces tristes allées traversières qu'on prend à Lyon pour passer d'une rue à l'autre au travers d'un massif de maisons. Je n'y vis rien de remarquable qui méritât la peine que j'avais prise pour y parvenir; d'ailleurs, on ne peut cheminer dans ce corridor sans un véritable danger: son sol est sillonné dans sa longueur par une coupure qui fait précipice; comme il n'y a pas assez d'espace, ni à droite ni à gauche, pour marcher commodément, il faut mettre cette coupure entre les jambes, qu'on est alors obligé de beaucoup écarter : allure aussi désagréable que pénible. Il y a même des endroits où les parois du rocher sont si rapprochées, qu'il faut étendre les bras, l'un à droite, l'autre à gauche, pour s'appuyer et ne pas perdre l'équilibre, d'autant plus que les chauves-souris, expulsées de leur premier domicile, se sont en partie réfugiées dans cette grotte supérieure, où leur fiente rend le sol fort glissant. On ne peut donc avancer sans une attention très fatigante ; car il ne s'agit pas ici d'une simple crevasse, c'est en plusieurs endroits un sol complètement percé qui communique à des excavations inférieures, et lors même que l'ouverture ne serait pas assez large pour y donner passage à tout le corps, on pourrait, par une chute, s'y engager les bras ou les jambes, et se les fracturer.

Il paraît que cette grotte a été faite par un courant dont le lit peu solide a cédé à l'effort de l'eau, qui l'aura coupé et se sera fait jour dans la grotte des

Chauves-Souris, située en partie au dessous. Las et ennuyé de cette marche pénible, je n'allai pas jusqu'au bout de cette partie de la grotte, remarquable seulement par sa longueur presque en ligne droite, par la crevasse de son sol et le stalactite qu'il faut escalader pour y parvenir. J'exhortai mes guides à n'y conduire personne, et la mairie en a fait la défense : dans le nombre de ceux qui, sans cela, l'auraient visitée, il est probable que quelqu'un aurait payé cher son imprudente curiosité.

CINQUIÈME LETTRE.

Description du Lac de la Balme.

Quoique M. de La Poype m'eût donné beaucoup de détails sur le lac de la Balme, quoique je susse qu'il était d'une médiocre étendue et méritait plutôt le nom de ruisseau que le titre pompeux de lac, cependant j'étais fort désireux d'en juger par moi-même. Je songeais à ce que rapporte Mézeray, que François Ier y avait fait transporter un bateau, et avait promis leur grace à deux criminels s'ils s'engageaient à le visiter jusqu'au bout, même au péril de leur vie ; je voulais contempler ce gouffre affreux dont ils avaient parlé ; je croyais que c'était là seulement qu'étaient les choses merveilleuses qui avaient valu à la grotte l'honneur d'être comptée pour l'une des sept merveilles du Dauphiné, et que je n'avais rien vu tant que ce lac me restait à voir; peut-être encore suffisait-il pour enflammer mon imagination de la difficulté de le visiter et de l'honneur de la vaincre. Quoi qu'il en soit, au château de Hières je réfléchis sur les mesures à prendre pour faciliter mon expédition, et je partis pour l'entreprendre. M. de La Poype, sans doute pour ne pas m'encourager dans une entreprise téméraire, en piquant mal à propos mon amour-propre, ne voulut pas m'accompagner; mais il me donna un de ses domestiques, excellent nageur, qui promit de me suivre partout.

J'avais fait des chandeliers aquatiques avec des plaques de liége, et un corselet de même matière, pour n'avoir pas à craindre les dangers d'une trop longue natation.

Arrivé au village de la Balme, je disposai un montant d'échelle de près de trois mètres, pour fixer des chandelles dans les trous faits pour les échelons. J'adaptai ensuite à chaque extrémité de ce nouveau candelabre une petite planche, clouée en travers, pour l'empêcher de chavirer; j'y attachai encore une boîte où je mis une sonde, un thermomètre, le nécessaire pour rallumer mes lumières au cas qu'elles s'éteignissent, ma montre, une carte hydrographique du lac que M. de La Poype m'avait tracée d'après ses souvenirs, et tous les autres objets que je crus devoir m'être utiles. Ce fut avec cet attirail que j'entrai dans la grotte. Il serait difficile de vous exprimer l'étonnement des habitants du village; plusieurs m'accompagnèrent en déplorant ce qu'ils appelaient ma folie : ils ne doutaient pas qu'elle ne me perdît. Mais je m'inquiétai peu de leurs sinistres présages.

A chaque pas je tremblais pour mes préparatifs ; cependant, malgré les décombres et les puits, ils arrivèrent heureusement à leur destination. J'attachai mes chandeliers de liége, à quelque distance les uns des autres, par une ficelle que j'arrêtai à l'extrémité de ma branche d'échelle. Je plaçai mes autres lumières dans les trous des échelons, et je mis à flot cet équipage. Je me déshabillai le plus promptement possible pour n'être pas saisi par le froid; mais mon domestique n'en fesait pas de même : il prêtait l'oreille aux discours de ceux qui disaient tout bas que j'allais me noyer. L'aspect de ces lieux sombres, cet embarquement nocturne, ce canal tortueux, ces eaux qu'il découvrait au loin à la lueur des flambeaux, tout abattit son courage. Cependant, pressé par mes railleries, il se mit dans l'eau jusqu'aux genoux; mais il pâlit, et m'assura, en tremblant, que l'eau était trop froide, qu'il ne saurait la supporter, puis enfin, qu'il ne me suivrait pas pour tous les châteaux de son maître. Rien ne put l'ébranler; il fallut donc me résoudre à m'avancer seul sous ces voûtes souterraines. J'hésitai un instant; mais la curiosité l'emporta. Je contemplai mon joli petit armement; je m'indignai d'avoir balancé, et me mis à la nage.

Sous le bras gauche, je tenais ma branche d'échelle, qui me servait d'appui, tandis que je me dirigeais du bras droit et des jambes. Cette manière de nager soulage beaucoup, permet une attitude plus droite, plus commode, et laisse presque l'usage des mains. Quelques coups que je me donnai me firent apercevoir que je pouvais prendre pied;

alors je marchai quelque temps à moitié hors de l'eau, et je pus me familiariser avec l'endroit extraordinaire dans lequel je m'étais enfoncé; bientôt cependant, l'eau étant devenue plus profonde, je fus obligé de me remettre à la nage; mais j'avançai avec lenteur pou[r] prévenir tout accident.

La fraîcheur de l'eau, la pureté de l'air, l'extraordinaire de ma situation tout portait mon ame à l'exaltation j'étais hors de la vue de mes guides (le[s] sinuosités du lac ne permettant pas de le voir dans son ensemble). Je les appelai de toutes mes forces; je prêtai l'oreille; une espèce de bruissement précéda le son qui m'apporta bientôt leu[r] réponse. J'avançai encore, et alors comme si j'eusse rompu tout rappor[t] avec les hommes, je tombai insensiblement dans une sorte d'extase; j'oubliai le but de mon expédition. Je sorti[s]

de l'eau pour m'asseoir sur la saillie
d'un rocher qui forme une étroite presqu'île, et je m'abandonnai tout entier
à la méditation. Mes regards attentifs
parcouraient doucement la voûte de la
grotte; l'éclat de mes lumières dans ce
lieu de ténèbres, la limpidité des eaux
qui les réfléchissaient, le sillon d'or
formé par leur longue traînée, et le
profond silence qui régnait autour de
moi, me causèrent une émotion secrète
qui tenait le milieu entre la crainte et
le ravissement. J'oubliai le monde, ou
plutôt je n'y pensai que pour lui dire
comme un éternel adieu. Une montagne
me recouvrait, une montagne m'interceptait la lumière du ciel; je ne respirais plus un air commun à tous les hommes; j'habitais une autre sphère. Quelquefois aussi, je croyais que la voûte
s'affaissant allait m'abymer sous ses ruines, ou qu'une masse d'eau, s'élevant

jusqu'à elle, allait m'ensevelir dans son sein. Cependant, je ne sais par quelle espèce de charme ces pensées si propres à me pénétrer de terreur, ne m'effrayèrent point. Elles furent bientôt absorbées par un vif sentiment d'admiration des merveilles que j'avais sous les yeux, et me reportèrent à leur divin Auteur. Alors je ne vis plus que lui, je me crus seul en sa présence ; les murs, les voûtes, le lac, me parurent un temple magique, enchanté, où tout portait son empreinte ; mon cœur agité crut le voir, le sentir, et dans un enthousiasme que je n'éprouvai que là, je fis retentir la rotonde où j'étais par le chant d'une ode du grand Rousseau, et dont la belle musique, composée par mon père, répondait si bien à l'exaltation de ma pensée.

Revenu de cette espèce de transport religieux dont il serait difficile de rendre le charme, je repris ma natation et j'arrivai dans un endroit où la voûte plus exhaussée et le lac plus étendu forment une salle qui semble n'avoir point d'issue. Au premier coup d'œil je crus avoir terminé ma course ; néanmoins en fesant le tour de ce bassin, où mes lumières produisaient une agréable illumination répétée dans l'eau, je trouvai une ouverture, mais si basse et si étroite, qu'il me fallut beaucoup de précaution pour y passer ma personne et mon équipage. Ce fut alors que j'entendis un petit bruit semblable à celui d'un ruisseau. J'eus d'abord une légère frayeur, mais dont je revins presque aussitôt, en pensant que j'allais trouver l'endroit par lequel les eaux se rendent dans le lac ; cependant mes recherches furent infructueuses, et je compris que ce murmure n'était causé que par les vagues que je fesais en nageant et qui allaient doucement se briser contre les parois du rocher.

Parvenu à l'extrémité du lac, j'en cherchai inutilement la source, et dans tout le temps de ma natation, qui dura une heure, je n'entendis pas la moindre goutte tomber dans l'eau, je la trouvai d'un calme parfait; or, si la source eût été dans le lac même, je l'aurais certainement découverte, à cause de son extrême limpidité, qui permet partout d'en voir distinctement le fond.

Je ne restai pas long-temps à l'extrémité du lac, où je ne découvris rien d'aussi intéressant que je l'avais d'abord supposé. Je me hâtai donc de revenir: la faim me dévorait; d'ailleurs mes chandelles répandaient une fumée qui, ne trouvant pas d'issue, me fatiguait; un frisson refroidissait mon ardeur, et ma curiosité satisfaite n'avait plus d'aliment.

Au retour, un peu avant la fin de ma navigation, j'aperçus la lueur des flambeaux de mes guides; bientôt après, je les vis eux-mêmes, et malgré leur peu de courage, j'éprouvai, à les retrouver, un véritable plaisir. Leur joie ne fut pas moins vive que la mienne : ils ne doutaient plus de ma mort, et se disposaient à partir lorsqu'ils m'entendirent. Le froid m'avait saisi au point que je ne me sentais plus; ils furent obligés de m'habiller.

De mes dix-huit flambeaux, il n'en restait plus que trois : l'humidité, le rejaillissement de l'eau, quelques chocs les avaient successivement éteints. Je ne m'étais pas aperçu de cette diminution de lumière, et si ma navigation eût été plus longue, il est vraisemblable que je me serais trouvé tout-à-coup dans l'obscurité. Ma petite cargaison était mouillée; je n'aurais pu rallumer mes chandelles ; que serais-je devenu ?

Malgré mon engourdissement, je gravai sur le stalactite dont j'ai parlé, entre les bassins et les puits, l'inscription suivante, qui subsiste encore, mais que les eaux, quand elles sont hautes, et le limon qu'elles y déposent, ont en partie effacée, quoique les caractères en aient été déjà deux fois regrattés et approfondis :

Le 27 *août* 1782, *P. Bourrit, fils de l'auteur des Descriptions des Alpes, a été à la nage au bout de ce lac.*

Cette petite vanité faillit m'être funeste : je restai si long-temps à l'ouvrage, qu'il était nuit lorsque je sortis de la grotte ; en retournant coucher à Hières, j'eus constamment la pluie sur le dos et, quelques jours après, je pris une fièvre bilieuse et maligne, dont je ne relevai que par les tendres soins de M. de La Poype.

Actuellement, rien n'est plus facile que d'aller au bout du lac; beaucoup de voyageurs, et de dames même, n'ont pas craint de le visiter. Les fermiers y entretiennent en état un bateau qui peut contenir plusieurs personnes ; j'invite cependant les amateurs à ne pas s'y embarquer plus de quatre à la fois, quoique la connaissance parfaite que ces nautonniers ont acquise des difficultés de cette petite navigation et des précautions à prendre, leur ôte toute espèce de danger.

Je crois encore devoir avertir le public que cette navigation souterraine, quoique sans péril, donne quelquefois une peine qui passe le plaisir : le bateau, qui n'est jamais exposé à l'air libre, s'imprègne de la plus grande humidité ; il se revêt du même sédiment que les rochers, ce qui le rend partout très glissant ; le genre de la manœuvre nécessaire pour le conduire ne permet pas de s'y asseoir commodément : dans quelques endroits où la voûte s'abaisse, il faut se baisser aussi soi-même d'une façon très incommode ; dans d'..... es, où le passage n'a, pour ainsi dire, que la largeur du bateau, on se heurte contre les murs, et si l'on est plus de trois ou quatre, on chemine d'une manière fatigante. Ajoutez que l'attention qu'il faut avoir, soit pour garder l'équilibre, soit pour conserver ses lumières, souvent prêtes à s'éteindre, distrait, empêche d'observer et de jouir. Il est vrai qu'occupé, soit à jeter la sonde, soit à examiner le thermomètre, soit à mesurer le lac avec un cordeau, soit à prendre avec une perche l'élévation de la voûte, soit à casser des fragments de rocher, soit enfin à noter mes observations ; il est vrai, dis-je, que j'ai dû éprouver plus d'embarras qu'un autre.

Je ne dois pas oublier qu'il fallait, pour mesurer le lac, placer quelqu'un sur la presqu'île dont j'ai parlé. Le jeune Binet, qui n'avait pas douze ans, offrit d'y rester; mais, par malheur son flambeau s'étant éteint, il resta dans la plus noire obscurité ; sa place était fort étroite et glissante, ce qui l'exposait à tomber dans l'eau s'il fesait deux pas. Ce fut en vain qu'il nous appela : nous ne l'entendîmes pas, et s'il était tombé, nous serions probablement venus trop tard à son secours.

Qu'on se figure l'angoisse d'une telle position; cependant il ne perdit pas courage, et demeura trois quarts d'heure dans une attente que bien des gens ne supporteraient pas sans se livrer au désespoir.

SIXIÈME LETTRE.

Mesure des principales Dimensions de la Grotte et du Lac.

Après vous avoir tant parlé de la grotte et de son lac, vous me demanderez sans doute quelle est leur étendue. Hélas ! il est à craindre que ma réponse ne diminue beaucoup la haute idée que vous en avez conçue. J'appréhende que la commune de la Balme, en établissant un bateau sur son lac, n'ait porté une rude atteinte à ce merveilleux dont on environne si souvent les objets inconnus, et dont jusqu'à présent l'idée a toujours accompagné celle de la Balme. Peut-être aussi pour la gloire de mon expédition, devrais-je garder pour moi les mesures que j'ai prises ; car elles réduisent la Balme à une grandeur bien moindre que celle qu'on lui suppose. En effet, la plupart des voyageurs, quoique de très bonne foi, en exagèrent les dimensions, parce que les difficultés de la marche, la variété des formes, surtout la lumière faible et vacillante des flambeaux y abusent l'œil, et font voir les objets plus en grand; aussi les auteurs qui ont parlé de la Balme, en ont-ils fait des évaluations très différentes : c'est ce qui m'a décidé à l'ennuyeuse opération d'un mesurage au cordeau, tout autre étant presque impossible; encore mes mesures ne sauraient-elles être d'une exactitude rigoureuse; mais les erreurs ne peuvent être majeures, et quelques centimètres en plus ou en moins sont sans importance dans une chose de ce genre.

Voici mes résultats, qui, sans être d'une exactitude mathématique, sont dans l'ensemble très approchants de la réalité :

L'ouverture de la voûte d'entrée a, dans sa plus haute élévation, mètres	30
Elle est large de	20
La plate-forme de l'église est élevée au dessus du torrent, de	14
Les parties les plus hautes de la voûte du lac ont	10
Dans sa plus grande largeur, le lac n'a que	8
La profondeur du lac varie beaucoup et ne dépasse nulle part	4

Je n'ai pu mesurer la hauteur des autres parties de la grotte, parce qu'elle varie beaucoup trop ; mais dans aucun endroit elle n'égale celle du vestibule :

Longueur du vestibule depuis l'entrée jusqu'au point où la voûte s'abaisse	72
De ce point jusqu'à la coquille pétrifiée	27
De cette coquille au premier bassin	36

Du premier bassin à mon inscription	12
De l'inscription aux puits.	15
Des puits jusqu'au bateau.	37
Somme totale depuis l'entrée jusqu'au lac	204
De l'entrée du lac à la presqu'île. .	37
De la presqu'île à l'extrémité du lac	81
Longueur totale du lac.	119
Somme totale de l'entrée de la grotte à l'extrémité du lac	323

GROTTE DES CHAUVES-SOURIS.

Depuis l'endroit où commencent les décombres qu'il faut gravir, jusqu'au replat. . . . . mètres	20
Mais, comme cette mesure suit l'inclinaison du terrain, qui va en montant, il faut diminuer sa longueur, que nous évaluons à. . . . . m.	13
Depuis le replat jusqu'au Capucin.	30
Du Capucin à la petite fontaine des Poêles-à-frire	31
Des Poêles-à-frire au bassin de la grande fontaine.	37
De cette fontaine au fond de la grotte	24

Total de la longueur de la grotte des Chauves-Souris depuis le bas des décombres . . . , ... 136
Si vous y ajoutez la longueur depuis ce point jusqu'à l'entrée de la grotte, qui est de 103

vous aurez en tout 239

Quoique l'étendue de la grotte soit bien moindre en droite ligne qu'on ne la suppose, il est rare qu'on n'emploie pas quelques heures pour la visiter, et c'est une des causes qui la font juger beaucoup plus grande qu'elle ne l'est réellement. On ne la parcourt pas en entier sans fatigue; aussi j'ai toujours vu quelqu'un de mes compagnons, par crainte ou lassitude, n'en examiner qu'une partie, ou même s'arrêter au fond du vestibule sans vouloir pénétrer plus avant.

SEPTIÈME LETTRE.

*Hypothèses sur la Formation de la Balme.
Lithologie de cette Grotte.
Observations Thermométriques.*

On ne saurait voir la magnifique excavation de la Balme, sans chercher les causes qui ont pu la produire. Quelques personnes ont imaginé qu'elle était l'extrémité des canaux souterrains occupés par le Rhône dans l'intervalle de sa perte au lieu de sa sortie. Parce que les corps qu'on y jette à Bellegarde ne reparaissent jamais, parce qu'il ressort parfaitement calme et limpide, on a supposé qu'il s'était creusé sous terre des réservoirs immenses, qu'il a pu, anciennement, s'étendre très au loin, et s'y former une issue. Mais, sans contes ter à la nature la force d'opérer de tels prodiges, bien loin que quelque chose indique qu'elle en ait fait un semblable ici, et qu'il eût été nécessaire pour creuser la Balme, tout dément ce système et en prouve l'absurdité. Comment vouloir que le Rhône se soit fait un lit souterrain de dix lieues au moins, qu'il se soit ouvert une issue plus bas à la Balme que son point de départ, et que loin de s'y précipiter il remonte à Bellegarde, pour y ressortir calme et paisible à cent pas du gouffre où il se jette?

Pourquoi encore, dans cette hypothèse, le vestibule de la grotte, seul capable de servir de lit à un grand fleuve, se trouverait-il au point le plus éloigné du lac? et si celui-ci fesait partie du Rhône, n'aurait-il pas une grandeur proportionnée à ce fleuve? Mais, dit-on, la montagne se sera affaissée et aura comblé une partie de son lit....... Cela ne peut pas être ; car l'inspection seule des localités démontre que cet affaissement supposé n'a jamais eu lieu.

Enfin, si le lac de la Balme provenait des eaux du Rhône, il devrait croître avec elles; ce qui n'arrive pas. De plus, le sable de la Balme serait de même nature que celui du Rhône, qui, presque partout, est granitique, tandis que l'autre est calcaire. Cette première hypothèse, contraire à toutes les lois de l'hydraulique, est si absurde, que j'ai presque regret de l'avoir rapportée.

Vous n'admettrez pas mieux le système de ceux qui veulent que la grotte ait été creusée de mains d'homme, et qu'elle ne soit que le résultat d'une mine exploitée par les Romains ou les Gaulois. On ne connaît ni monument historique ni tradition qui l'annoncent, et l'on ne voit rien dans la nature de la montagne et de ses environs qui l'indique. On y a trouvé, dit-on, des instruments pour battre monnaie; mais cela ne prouve rien, si ce n'est que de faux monnayeurs, comme cela est arrivé dans d'autres excavations souterraines, ont profité de la grotte pour en faire un laboratoire secret de leur coupable industrie. D'ailleurs, en supposant que des mineurs ou de faux monnayeurs y aient travaillé, cela ne rendrait raison ni de l'existence du lac, ni de celle du ruisseau abondant qui en sort sans interruption pendant toute l'année, ni de la vaste ouverture de l'entrée qui, dans aucun cas, n'eût été nécessaire. D'autres personnes donnent au vestibule où est l'église, une autre origine. Elles prétendent que les païens, ayant trouvé à la Balme une petite grotte, l'auront agrandie et y auront construit un autel consacré à une nymphe, une sybille ou quelqu'autre de leurs divinités: ils en donnent pour preuve une belle pierre taillée en forme d'autel ou de piédestal portant quelques caractères, et que chacun peut voir renversée dans le lit du torrent, presque sous la voûte de la chapelle. Enfin on a attribué ce travail, non aux païens, mais aux chrétiens au temps des persécutions; et l'on a supposé que la vaste étendue de l'ouverture de la grotte était leur ouvrage; qu'ils y venaient célébrer les saints mystères, et y avaient, pour cet effet, élevé un autel, dont la pierre subsistant fesait partie. Chacune de ces hypothèses peut être vraie en un point: c'est que la grotte a pu servir, comme elle sert encore aujourd'hui, à un culte; mais le peu de lettres gravées sur la pierre qui s'y trouve ne montre point à quel culte elle a appartenu : on peut même admettre qu'elle ait servi aux païens, puis aux chrétiens, chose dont on a beaucoup d'exemples ; mais ce qu'on ne peut raisonnablement supposer, c'est que le vestibule ait été taillé de mains d'homme; car il aurait mieux valu bâtir un temple : la chose eût été plus facile et moins coûteuse ; de plus, on verrait sur les parois et à la voûte les marques de l'industrie humaine : au contraire, on n'y voit presque que l'empreinte du temps et des eaux. Je ne prétends pas que les hommes n'aient jamais porté le ciseau sur les rochers de la grotte, je crois même qu'ils en ont tiré plusieurs blocs déjà éboulés, et en ont détaché d'autres qui étaient ébranlés, pour les employer à bâtir. J'ai vu moi-même, il y a quelques années, en extraire beaucoup de quartiers de roche; mais ce travail est extérieur, très visible, et n'a ni altéré ni agrandi l'intérieur.

Il est donc, suivant moi, beaucoup plus naturel de regarder la grotte comme l'ouvrage de la nature, dont les hommes ont profité pour l'adapter à leur usage; en conséquence, je vais développer les raisons qui me portent à croire que c'est à la fois à l'action des pluies et au Rhône qu'il faut attribuer la formation de la grotte et du lac. J'espère que les observations suivantes mettront la chose hors de doute.

A la seule inspection de la chaîne de collines où se trouve la Balme, du Rhône qui en est si près, et de son cours qui leur est parallèle, il paraît évident qu'autrefois ce fleuve battait les flancs de cette chaîne, et qu'il a pu, comme il l'a fait dans tant d'autres endroits, par des reflux particuliers, ronger les rochers dans leurs parties les moins dures et y creuser des excavations plus ou moins profondes, telles que le vestibule de la grotte. A cette action des courants, dont la force est immense, ajoutez celle des sources intérieures et des pluies qui auront agi dans les parties supérieures de la montagne; vous concevrez facilement alors qu'elles ont pu atteindre les parties inférieures déjà entamées par le Rhône, joindre leurs dégradations aux siennes comme des mineurs qui se rencontrent, détacher les rochers, et prendre leur écoulement tel qu'on le voit aujourd'hui. Ces causes auront été d'autant plus efficaces que la roche calcaire est plus facile à ronger, et que ses couches feuilletées facilitent beaucoup l'infiltration des eaux.

Pour vérifier cette opinion, je suis monté sur la colline de la Balme, et je l'ai attentivement examinée, surtout dans les parties que j'ai pu croire être au dessus de la grotte et du lac; or, cette inspection m'a pleinement confirmé dans mon système, parce que je trouvai partout de nombreux enfoncements qui étaient recouverts par des buissons dont la belle verdure et la force de végétation (quoique ce fût alors une époque de sécheresse) prouvaient que leurs racines, pénétrant par les fentes des rochers, y trouvaient une abondante humidité qui leur fesait braver les ardeurs du soleil ; ces enfoncements multipliés, où il était difficile de pénétrer avec la main jusqu'au collet de la racine, rendaient le marcher très difficile. Ceux qui, comme moi, ont couru beaucoup les montagnes, savent qu'en général elles ne sont recouvertes que de gazon ou d'herbes plus ou moins hautes, tandis qu'il est fort rare d'y voir de hautes et de fortes broussailles ; les premières indiquent un sol peu pénétrable, tandis que les dernières annoncent beaucoup de prise pour les racines, des interstices qui retiennent les eaux pluviales et leur servent de véhicule pour pénétrer dans l'intérieur. J'ajouterai que le dessus de la colline de la Balme a une pente descendante plutôt qu'ascendante, tellement que je serais porté à croire que la couche de rocher qui recouvre la grotte diminue d'épaisseur à mesure qu'on avance vers ses extrémités : c'est ce que justifient et le lac et l'eau qui découle abondamment des voûtes de la branche des Chauves-Souris. Si j'avais eu deux baromètres, dont l'un aurait été observé au bout du lac et à la grande fontaine, tandis qu'au même moment j'aurais observé l'autre sur la montagne, je suis persuadé que j'aurais trouvé une faible épaisseur à la partie de la montagne qui recouvre les grottes ; c'est une expérience à faire dont je crois que le résultat démontrerait la vraie cause des eaux souterraines de la Balme.

Quoique j'aie dit que je n'avais point

vu d'eau descendre de la voûte dans le lac, je vous ai parlé de certaines profondeurs circulaires, telles que des canaux perpendiculaires situés dans quelques parties supérieures des voûtes de la Balme; l'une des plus considérables est à l'extrémité du lac ; quoique son élévation et la difficulté du local m'aient empêché de la bien examiner, je la crois cependant un des principaux conduits par lesquels les eaux descendent dans le lac.

Enfin, les habitants s'accordent à dire que les crues du lac n'ont lieu qu'après plusieurs jours de grandes pluies, et qu'on trouve alors sur la colline la plupart des parties buissonneuses formant des réservoirs pleins d'eau.

Toutes ces raisons me paraissent expliquer facilement la formation de la grotte, et pourquoi il est impossible d'aller au-delà des bassins dans les saisons pluvieuses ; alors les eaux surabondantes surmontent les puits, atteignent la voûte, obstruent le passage, se versent par les bassins, et remplissent le lit du torrent, qu'elles alimentent.

Il y a sans doute dans l'intérieur de la montagne de la Balme et de celles qui l'avoisinent, d'autres grottes et d'autres réservoirs d'eau où l'on n'a jamais pénétré : ce qui le prouve, c'est la belle source qui sort de terre en avant de la grotte ; cette source, qui ne tarit jamais, est très abondante et fournit à tous les besoins du village.

La Balme étant peu élevée au dessus de la plaine, doit avoir été remplie par les eaux beaucoup plus tard que les autres grottes placées dans des lieux élevés ; aussi porte-t-elle partout l'empreinte du séjour de la mer. Dans la roche intérieure, qui est calcaire, je n'ai vu aucun coquillage entier ou reconnaissable. La couche extérieure, au contraire, semble n'être qu'un détriment de coquilles de toute espèce, liées avec un ciment de même matière.

Dans ce tritus, on trouve beaucoup de pointes d'oursin et de pierres judaïques. Il y a des masses considérables d'astroïtes pétrifiées, et dans leur cassure on découvre encore l'organisation primitive. Plusieurs de ces pétrifications ont été percées par les pholades. Dans les fentes perpendiculaires et dans les canaux dont j'ai parlé, on a trouvé des calcédoines, des agates, et même quelques petits crystaux. Les roches feuilletées de la montagne sont souvent remarquables par de belles dendrites, et le fond du lac renferme une grande variété de madrépores.

Après les détails, peut-être trop minutieux, dans lesquels je suis entré, vous ne me pardonneriez pas, si je ne vous disais rien de mes observations thermométriques.

A l'entrée de la grotte on sent toujours, en été, un vent frais qui tient le mercure deux ou trois degrés plus bas que dans les lieux ordinaires, et plus on avance dans la grotte, plus il descend : ainsi, tandis qu'au bord du Rhône il indiquait vingt degrés, il n'en marquait que quinze dans le vestibule de la grotte, et baissait graduellement en s'approchant du lac, à l'entrée duquel il n'était plus qu'à douze. Plongé dans l'eau, il descendit à dix ; mais à l'extrémité du lac il était à ce même degré, soit à l'air, soit dans l'eau ; alors, quoique celle-ci eût la même température aux deux extrémités du lac, cependant elle ne fesait pas la même impression sur la peau; elle paraissait plus froide à l'entrée, parce que l'air y était plus chaud, tandis qu'au bout elle semblait plus chaude, parce que l'air était plus froid. C'est pourquoi, lors de ma natation, je n'étais pas plus affecté de passer de l'air à l'eau que de l'eau à l'air. Il est donc probable que la température du fond du lac est à peu près la même dans toutes les saisons, que celle des caves, et qu'il est trop enfoui dans l'intérieur de la montagne, pour que son atmosphère éprouve les influences et les vicissitudes de celle du dehors.

Cette fraîcheur du lac doit servir d'avis aux voyageurs, afin qu'ils prennent garde de n'y pas arriver en transpiration, pour ne pas courir le risque de la voir supprimée par un froid d'autant plus dangereux, qu'il est toujours fort humide.

HUITIÈME LETTRE.

Retour de la Balme à Lyon par le Rhône.

Du village de la Balme nous vînmes à Salettes chez feu M. Binet, qui y avait fait l'acquisition du beau couvent des Chartreusines, pour y établir une manufacture de terre de pipe, façon anglaise, qui, malheureusement, n'a pas réussi. Cette belle propriété, vendue à la révolution avec les terres qui en dépendaient, a passé depuis en plusieurs mains qui l'ont morcelée; elle est au bord du Rhône, à vingt minutes de la Balme, vis-à-vis du village de Proulieu. Notre intention était d'y traverser le fleuve pour nous rendre à Meximieux par Sainte-Julie et le pont de Chazel, route qu'on fait à pied en trois heures de temps; mais comme elle traverse de grandes plaines fort ennuyeuses et fatigantes, nous changeâmes de plan à la vue d'une *penelle* qui descendait à Lyon. Moyennant un prix très modique le patron nous admit dans cette barque, et nous partîmes de suite [1].

Cette navigation m'a paru charmante; la grandeur de notre bâtiment, chargé de planches brutes, permettait de s'y promener en tous sens, et la grande élévation de ses extrémités y formait comme deux belvédères, qui rendaient l'aspect du pays plus facile.

---

[1] Depuis la publication de l'ouvrage de feu M. Bourrit, dont nous donnons une nouvelle édition, les choses ont bien changé, et au lieu de mauvaises *penêles*, des bateaux à vapeur, à certaines époques de l'année, font le service de Lyon à la grotte de la Balme. On les trouve à l'entrée du cours d'Herbouville.

Il y avait quelques passagers des deux sexes, des chevaux, du bétail et des poules, des meubles et un petit attirail de cuisine. Ici, était un groupe de gens qui jouaient aux cartes ; là, on visitait le fromage et la bouteille ; ailleurs, on dormait sur du foin ; enfin, les jeunes gens que j'avais avec moi, s'étaient fait une cabane, sous laquelle il était charmant de les voir exhaler cette gaité vive et franche qui plaît tant à leur âge. Ces petites scènes, sur un fleuve rapide, me représentaient le voyage de quelque famille américaine sur l'Orénoque ou l'Ohio.

Les rives du Rhône, alternativement arides ou cultivées, gracieuses ou sévères, offrent à tout instant un paysage nouveau : tantôt c'est un détroit obscur entre des terres élevées couvertes de bois ; tantôt, c'est une espèce de lac dont les eaux sont calmes et les bords éloignés ; quelquefois le fleuve, par un contour subit, se dérobe à l'œil, et semble retourner en arrière ; quelquefois aussi, il roule droit en avant, et s'étend en longue perspective comme un vaste canal. Les îles, les hameaux, les villages, les habitations solitaires qu'on rencontre et dépasse, occupent les regards et vous captivent.

Ordinairement, malgré les sinuosités du Rhône, on vient de Salettes à Lyon dans six, quelquefois même dans quatre heures ; mais si l'eau est basse, si les *penelles* sont trop chargées, ou si le vent est contraire, la navigation devient lente, pénible, et même impossible. J'en fis l'expérience : un ciel serein, une température agréable, un soleil ravissant, tout semblait nous promettre une descente facile ; mais un vent, auquel à peine on ferait attention sur la terre, ralentit notre course depuis

Loyettes, et enfin l'arrêta tout-à-fait à Anthon.

C'est un village avec un château, sur la rive gauche du Rhône, en face de son confluent avec la rivière d'Ain. La rive d'Anthon est très escarpée, tandis que l'autre est fort basse. Nous suivîmes le patron sur une petite éminence, d'où il épiait le vent, et d'où l'on a une perspective extrêmement étendue ; l'œil s'y perd au loin dans d'immenses plaines, qu'on croirait presque désertes. L'Ain, qui les traverse, y exerce souvent ses ravages ; il semble se plaire à créer des solitudes, comme pour repousser l'homme de ses bords. Cette vue, dont quelques parties sont riantes, peut passer pour magnifique par son immensité ; mais elle a je ne sais quoi de sévère qui inspire la tristesse et la mélancolie.

Après plusieurs heures d'une attente

pénible, le vent étant un peu tombé, nous reprîmes notre navigation, qui devint de plus en plus délicieuses. A la variété des sites se joignirent bientôt les charmes d'une belle soirée et d'un riche couchant. Alors le contraste de la lumière et des ombres est plus marqué, le soleil dore les objets qu'il éclaire, l'air paraît plus épuré, et les sens semblent mieux disposés à jouir.

Vis-à-vis du village de Jons, nous eûmes le spectacle curieux d'un immense troupeau de vaches obligées, pour revenir du pâturage à leurs étables, de traverser le Rhône à la nage. Les plus jeunes, moins expérimentées, témoignaient plus de crainte et ne se mettaient à l'eau que les dernières ; aussi n'étant pas soutenues par le bataillon serré des autres, elles dérivaient et s'exposaient davantage.

La navigation du Rhône, malgré la

quantité de ses eaux, n'est pas toujours facile. On y rencontre des bas-fonds, des bancs de sable, ou des îles, qui lui ôtent souvent en profondeur ce qu'elles lui donnent en largeur, et dans quelques endroits rétrécissent tellement le passage, que ce n'est quelquefois qu'à force de rames et d'adresse qu'on évite d'engraver. Cet accident n'est pas dangereux pour les personnes, mais il retarde, inquiète, et dans certains cas peut devenir funeste au bâtiment.

Comme le Rhône était fort bas, et qu'il était presque nuit lorsque nous approchâmes de Thil, nos mariniers ne voulurent pas aller plus loin, et nous forcèrent d'y coucher, dans une auberge solitaire, à cent pas du rivage, et où les voyageurs, hommes et femmes, sont obligés de coucher pêle-mêle dans une vaste chambre, sans porte, meublée de mauvais lits qui se touchent presque tous, où l'on arrive à toutes les heures de la nuit, et si triste, qu'on serait tenté de prendre pour un bonheur de n'y pouvoir sommeiller un instant; heureusement que nous pûmes en repartir à l'aube du jour. Alors les beautés toujours nouvelles du lever de l'aurore, les feux du soleil qui semblaient embraser l'horizon, et les plaisirs renaissants d'une vue agréable et variée, nous firent bientôt oublier le gîte d'où nous sortions.

Nous descendîmes de Thil à Lyon dans trois heures : cette partie du cours du fleuve est d'autant plus intéressante, qu'à ses beautés naturelles, il unit toutes celles qui résultent des approches d'une grande cité. La belle suite des maisons depuis Saint-Clair jusqu'à Perrache, les hauteurs de La Croix-Rousse, de Fourvières, et les nombreuses campagnes qui les décorent, vues de notre *penelle*, à demi-lieue de la ville, présentaient un ensemble ravissant, qu'il faut avoir vu pour s'en former l'idée. En effet, comme s'il était fier de baigner les murs de la seconde ville de France, le Rhône semble vouloir parer ses bords de tout ce qui peut les embellir, jusqu'à ce qu'enfin, réunissant toutes ses eaux, auparavant divisées par de nombreuses îles, il vienne en déposer majestueusement le tribut, le long des superbes quais qu'il arrose.

NEUVIÈME LETTRE.

Diverses Routes
pour se rendre de Lyon à la Balme.

Promenade
au Pont du Saut   au Bac de Lagnieu.

La route que j'ai indiquée dans ma première lettre pour aller de Lyon à la Balme par Pont-Chéry, est celle que je préfère : c'est, je crois, la plus courte, et le Rhône, une fois traversé en sortant de Lyon, il n'y a plus rien qui arrête ; tandis qu'en allant par Meximieux, il faut passer la rivière d'Ain, puis le Rhône, et bien des gens n'aiment ni les bacs à traille ni les bateaux ; d'ailleurs, celui de Proulieu ne prend pas les voitures, et le bac du port de Lagnieu est souvent une cause de retard. Les mêmes inconvénients existent pour le retour ; c'est pourquoi le plus court est encore de revenir par Pont-Chéry. Ainsi, lorsqu'on n'a pas de voiture à soi et qu'on ne craint pas de faire trois lieues à pied, on peut aller par la diligence de Crémieux, qui arrive de très bonne heure à Pont-Chéry, d'où il n'y a que trois lieues jusqu'à la Balme, par une route qui n'a rien de fatigant pour un piéton.

Quant au retour par le Rhône, quoique certainement très agréable, il n'est pas toujours facile, à cause de l'incertitude de trouver un bateau de passage assez à bonne heure pour ne pas courir le risque de coucher en route, ou d'attendre longtemps et peut-être vainement à Salettes. Il n'y aurait qu'un moyen d'assurer son passage : ce serait d'aller coucher au village du Saut, qui est à une lieue et demie plus haut que la Balme, en remontant le Rhône; une excellente route neuve y conduit, elle est toujours en plaine et suit les bases des montagnes; c'est même une promenade que je conseille aux personnes qui, ayant trois ou quatre heures de reste, voudraient les employer agréablement.

Le village du *Saut*, dont je parle, a pris son nom d'un barrage fait au cours du Rhône par une ligne de rochers à fleur d'eau ou qui s'élèvent au dessus. Ils gênent la navigation, et la rendent périlleuse si l'on n'a pas des bateliers expérimentés; quoique le fleuve y soit très large, le seul endroit où les rochers permettent le passage aux gros bateaux, n'a qu'une huitaine de mètres de largeur, encore n'y peuvent-ils pas arriver en ligne droite, à cause des nombreux rochers dont il est parsemé. C'est un spectacle très intéressant que celui qu'offre ici le passage des bateaux : on les voit descendre avec une extrême rapidité, et l'on tremble pour eux jusqu'à ce qu'ils aient franchi ce pas redoutable ; c'est un moment de suspension entre une vive crainte et l'espérance ; celle-ci n'est soutenue que par la confiance qu'inspirent l'audace et l'adresse des mariniers, qui, heureusement, se trouvent rarement en défaut. L'intérêt n'est pas moindre lorsque les bateaux remontent le courant. Alors il faut force chevaux à droite et à gauche du fleuve ; ils tirent les bateaux avec des cables plus ou moins longs pour leur faire suivre la ligne qui, seule, peut les amener à l'unique passage possible. Cette manœuvre est difficile ; pour la bien voir, il faut se placer sur le pont, ou plutôt sur la digue avancée d'un moulin qui est dans le voisinage du Saut, sur la rive gauche.

Outre le plaisir de suivre la descente

ou la remonte des bateaux, on jouit là d'une vue très remarquable, bien faite pour exercer les amateurs de peinture. En face, on a le fleuve écumeux se débattant contre les rochers, puis un magnifique pont de pierre, le village du Saut, qui est très animé, et ce vaste tableau terminé à droite et à gauche par des montagnes plus ou moins hautes qui l'encadrent et en font une jolie vallée de demi-lieue de large que le Rhône arrose dans toute sa longueur.

C'est, dis-je, au village du Saut, où s'arrêtent tous les bateaux, qu'on est presque certain d'en trouver pour descendre à Lyon dans un jour, et souvent moins.

Si, de la Balme, on veut faire une autre promenade de trois quarts de lieue environ, aussi fort agréable, on doit aller jusqu'au port de Lagnieu : le Rhône y est majestueux, et de tout côté on a de jolis points de vue ; on y remarque une petite île toute couverte de verdure et de beaux arbres élancés sous des formes gracieuses.

Du bac on peut se rendre dans moins d'une heure à la petite ville de Lagnieu, qu'on voit en face. On y trouve chaque jour une diligence pour Lyon par Meximieux ; cette voiture part de Lyon tous les soirs ; elle arrive de grand matin à Lagnieu, d'où l'on peut aisément venir à pied à la Balme dans une heure et demie. Les jeunes gens qui ne craignent pas la marche auraient encore le temps de visiter la grotte et de retourner le même jour à Lyon par Pont-Chéry, surtout s'ils s'y trouvaient au passage de la diligence de Crémieux retournant à Lyon : c'est une excursion que plusieurs entreprendraient, s'ils savaient qu'on peut la faire dans une nuit et un jour.

Les Lyonnais qui ne sont pas très pressés, peuvent encore se rendre à la Balme par Pont-Chéry et Crémieux, petite ville au pied de la chaîne de collines qui suit jusqu'à la Balme. Cette ville avait autrefois un fort et des fortifications dont on voit les restes en entrant par la promenade, qui est jolie. De Pont-Chéry à Crémieux il n'y a qu'une lieue et demie, et de là à la Balme il y en a trois. Le chemin est fort bon pour les voitures; ceux qui prendront cette route, n'allongeront le voyage que d'une heure et demie, ou deux lieues.

Enfin, on peut aller à la Balme par *Montluel*, *Meximieux*, et le pont de *Chasel* sur la rivière d'Ain; ensuite, on se dirige au travers d'une immense étendue de champs, par des chemins vicinaux, sur le village de *Sainte-Julie*; de là on se rend à *Proulieu*, autre village au bord du Rhône. Là il est très étroit ; on le traverse sans danger sur un bateau à la rame, et l'on débarque à Salettes, d'où, en vingt minutes, on arrive à la Balme. J'ai fait plusieurs fois, à pied, dans trois heures de marche, cette route de Meximieux à la Balme ; mais elle est brûlante en été, et d'une monotonie fort ennuyeuse [1].

[1] La grotte de la Balme est située à quarante-cinq kilomètres à l'est de Lyon, à six de Lagneu (Ain), à cent dix de Genève (Suisse), à seize de Crémieu (Isère), et à cent de Grenoble.

On trouve à Lyon diverses voitures qui y conduisent et font le service en quatre heures. Elles partent régulièrement tous les jours à trois heures du soir, du café *Amy*, quai de Retz, 45 ; ou à huit heures du matin et du soir, de chez *Dulaud*, quai du Bon-Rencontre 46, et retour.

Dans la belle saison, les bateaux à vapeur passent à dix minutes de la Balme en allant aux eaux d'Aix.

Une route magnifique est celle qui passe par Meyzieu, Pusignan et Pont-Chéri ; mais on y va par des omnibus ou des voitures particulières.

FIN.

EN VENTE
A la même Librairie

GUIDE PITTORESQUE de l'Etranger à Lyon, panorama de la ville, de ses faubourgs et de ses environs, septième édition. Joli vol. in-18 avec figures et plan . . . . 4 f. »
— Le même, sans le plan ni les figures . 3 »
PANORAMA de la ville de Lyon avec ses monuments, grav. à la manière suisse . . 1 50
LYON vu de Fourvière, beau vol. in-8 . 3 »
Cet ouvrage s'est vendu 12 f. dans sa nouveauté.
INSURRECTIONS Lyonnaises en 1831 et 1834 par le doct. Montfalcon, jol. édit in-8 2 »
Vendu 4 f. 50 dans la nouveauté.
GUIDE du Voyageur en Italie, par Richard, in-12, cartes et plans 7 50
MANUEL du Voyageur en Suisse et en Savoie, par Richard, beau vol. in-12, cartes et pl. 8 »
— Le même, in-18 . . . . 6 »
PLAN de la ville de Lyon, dessiné par Dignoscyo et gravé par Ambroise Tardieu . . 1 »
— par Noellat 1846 . . . . 1 50
CARTE des Environs de Lyon, dessinée par Dignoscyo, gravée par Sampier-d'Aréna 1 »
CARTE Routière de France 1 50
— — d'Europe 1 50
EMBLÊME des Fleurs ou Parterre de Flore, joli vol. in-18 . . . . 1 50
— Le même, avec gravures coloriées . . 3 »
LOIS Electorales et Municipales, in-32 . » 25
— sur la Garde Nationale, in-32 . . . . » 25
— sur l'Organisation des Conseils Généraux et d'arrondissement, in-32 . . . . » 25
— sur les Faillites, in-32 . . . . 1 25

LOIS sur les Brevets d'invention, in-18	»	75
— sur les Patentes, in-18	»	75
— sur les Prud'hommes, in-32	1	25
— sur la Chasse, in-18	»	50
HISTOIRE des Inondations de Lyon et du Midi de la France en 1840, in-18	»	75
— des Inondations de la Loire en 1846, in-18	»	75
LE CLERGÉ Français pendant les inondations de 1840, in-18	»	75
GUIDE général en Affaires, in-18	5	»
— Le même, in-12	4	»
— Le même, plus abrégé	1	»
TENUE DES LIVRES en vingt-quatre leçons, par Jaclot, in-18	5	50
— Le même, in-8	7	»
CUISINIÈRE de la Ville et de la Campagne, in-12, fig.	5	»
CUISINIÈRE LYONNAISE, in-18	1	50
FORMULAIRE des Actes civils, in-8	6	»
HISTOIRE de la Vie et des Écrits de Calvin, par M. Audin, in-12	3	»
— de Calvin, par le même	5	»
— de Léon X, par le même	3	»
PHYSIOLOGIE du Tabac, par le d. Montain, in-18, fig.	1	»
TABLEAU des Rues, Quais et Places de Lyon, avec leur origine, in-18	1	»
LETTRES de deux Amants de Lyon, deux vol. in-18	1	50
CHOIX de Poésies morales et religieuses, in-18	1	»
LE SPHINX des Dames et des jeunes gens, in-18	»	75
L'ORACLE des Dames, in-18	»	75

www.ingramcontent.com/pod-product-compliance
Lightning Source LLC
Chambersburg PA
CBHW070533100426
42743CB00010B/2072